# Naid yn ôl

## Dyddiadur dychmygol William Morgan

*Dydd Sul, 22 Chwefror 1587*

*Am ddiwrnod! Bues i yn yr eglwys heddiw ac roedd hi fel ffair 'na. Doedd neb yn gwrando ac roedd y plant yn chwarae gyda cherrig ac yn siarad â'i gilydd. Doedd neb yn gallu deall gair o'r gwasanaeth. Does dim rhyfedd i ddweud y gwir – dydyn nhw ddim yn deall Saesneg. Mae angen gwneud rhywbeth am hyn wir.*

*Dydd Gwener, 1 Mai 1587*

*Rydw i'n llawn cyffro – mae'r Frenhines Elizabeth I wedi gofyn i mi fynd ati i Lundain bell. Mae'r ficer wedi awgrymu taw rhywbeth i wneud â **chyfieithu**'r Beibl ydyw. Er fy mod yn falch, mae Llundain yn bell o Dŷ Mawr Wybrnant.*

*Dydd Mawrth, 5 Mai 1587*

*Rydw i wedi blino'n lân ers dod yn ôl o Lundain, ond roedd yn werth y siwrnai. Mae'r Frenhines wedi gofyn i mi gyfieithu'r Beibl i'r Gymraeg. Nawr bydd y gwaith caled yn dechrau.*

*Dydd Gwener, 27 Mai 1588*

*O'r diwedd mae'r Beibl wedi ei **argraffu**. Bydd y Frenhines wrth ei bodd. Alla i ddim aros tan ddydd Sul. Bydd y gynulleidfa yn deall y gwasanaeth o'r diwedd.*

Tŷ Mawr Wybrnant

## Chwilio a chwalu

Beth am drafod gyda ffrind i weld a ydych chi'n cytuno gyda'r atebion? Trafodwch ble'r ydych chi'n dod o hyd i'ch ateb, os yw yn y testun.

**1** Am sawl blwyddyn fu'r Tuduriaid yn rheoli Cymru a Lloegr?

**2** Dyn o ble oedd Willam Morgan?

**3** Pwy oedd y frenhines adeg cyfieithu'r Beibl?

**4** Pam ydych chi'n meddwl bod codi ofn ar frain yn swydd bwysig?

**5** Pam oedd y plant yn chwarae yn yr eglwys? Pa ran o'r dyddiadur sy'n awgrymu rheswm?

**6** Allwch chi feddwl am reswm pam mae blwyddyn o ddyddiadur William Morgan ar goll?

# Naid yn ôl

FFEITHIG

## Bywyd plentyn yn Oes y Tuduriaid

Rydyn ni'n sôn am y blynyddoedd rhwng 1485 ac 1603 fel Oes y Tuduriaid. Cymro oedd Harri Tudur a daeth yn frenin Lloegr a Chymru yn y flwyddyn 1485. Ganwyd ef yn 1457 yng Nghastell Penfro. Roedd ei dad, Edmwnd Tudur, yn dod o Ynys Môn.

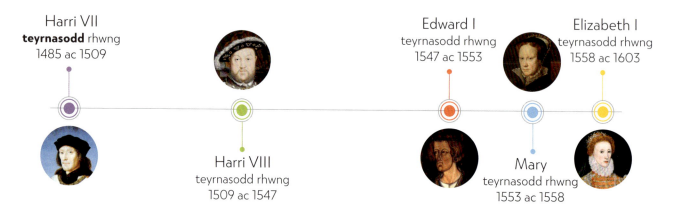

**Harri VII**
**teyrnasodd** rhwng 1485 ac 1509

**Harri VIII**
teyrnasodd rhwng 1509 ac 1547

**Edward I**
teyrnasodd rhwng 1547 ac 1553

**Mary**
teyrnasodd rhwng 1553 ac 1558

**Elizabeth I**
teyrnasodd rhwng 1558 ac 1603

### Teganau a gemau plant yn ystod y cyfnod

Roedd gwahaniaeth mawr rhwng y teganau a'r gemau oedd gan blant cyfoethog a'r teganau a'r gemau oedd gan blant tlawd. Tra bod meithrinfeydd plant cyfoethog yn llawn o deganau a gemau pren, hardd, byddai'r plant tlawd yn gorfod gwneud eu teganau eu huanin o ddarnau o hen bren, a chreu eu gemau eu hunain heb ddim offer. Bydden nhw'n defnyddio **pledren** mochyn fel pêl! Dyma sut datblygodd gêm wyllt o'r enw 'cnapan'. Ffurf gynnar ar bêl-droed oedd cnapan, gyda dau dîm anferth o ddau blwyf gwahanol yn cystadlu yn erbyn ei gilydd am y bêl. Y nod oedd mynd â'r bêl i eglwys eich plwyf chi.

gwyddbwyll

pledren

ceilys

io-io

cwpan a phêl

chwip a thop

### Cartrefi

Roedd rhai plant yn byw mewn tai fel hwn yn Llancaiach Fawr, ger Caerffili. Ar y llaw arall, roedd y mwyafrif o blant yn byw mewn tai syml, bach iawn.

Llancaiach Fawr

### Swyddi

Byddai bechgyn mewn teuluoedd cyfoethog yn derbyn addysg. Byddai'r plant tlawd yn gorfod gweithio – casglu wyau, **nyddu** gwlân, pobi bara neu hyd yn oed fod yn fwgan brain i'r ffermwr lleol.

### Cnoi cil

Pasiodd Harri VIII ddeddf yn 1536 a oedd yn uno Cymru a Lloegr.

KV-480-214
[J]GLEN

# PAPUR Y PLWYF

*mis Mai 1600*

## Trafferth eleni eto

Yr wythnos ddiwethaf, **cynhaliwyd** y gêm flynyddol rhwng **trigolion** plwyf Llansteffan a thrigolion plwyf Llangadog. Roedd y gêm, fel arfer, yn un waedlyd, caled a gwyllt.

Am ddau o'r gloch ar y dydd Sadwrn, ar ddarn o dir gwastad rhwng y ddau blwyf, taflwyd y bêl i'r canol gan y Ficer. Mr Ifan Siencyn, Rhosawel, oedd wedi rhoi'r bêl eleni. Bu'n paratoi yn ofalus am rai wythnosau. Rhannodd ychydig o'i gyfrinachau gyda mi:

"Eleni dwi wedi dewis pren **helygen** i weud y bêl. Mae'n hawdd ei naddu ac mae'n weddol ysgafn, felly dylai llai o ddynion gael niwed.

Defnyddiais i bren derw y llynedd - roedd hwnnw'n rhy drwm a chaled. Dwi wedi cadw'r bêl mewn **saim** am chwech wythnos i wneud yn siŵr na fydd yn torri. "

Yn anffodus, bu'n rhaid i William ap Ifan, Rhosawel, mab Ifan Siencyn, gael ei gario oddi ar faes y gêm ar ôl dwy awr o chwarae. Dywedodd **llygad-dystion** iddynt glywed sŵn fel pren crin yn torri cyn iddynt wedyn weld William yn gorwedd ar y llawr mewn poen.

Wrth i'r haul fachlud, gosodwyd y bêl wrth ddrws eglwys Llangadog, gan sicrhau mai plwyf Llangadog oedd y pencampwyr eleni eto.

## Chwilio a chwalu

Beth am drafod gyda ffrind i weld a ydych chi'n cytuno gyda'r atebion? Trafodwch ble'r ydych chi'n dod o hyd i'ch ateb, os yw yn y testun.

**1** Am sawl blwyddyn fu'r Tuduriaid yn rheoli Cymru a Lloegr?

**2** Beth oedd y plant yn ei ddefnyddio fel pêl?

**3** Pa ddau blwyf oedd yn chwarae yn erbyn ei gilydd?

**4** Sut byddai tîm yn ennill gêm o 'cnapan'? Cyfeiriwch at y testun wrth ateb.

**5** Pa aelod o'r Tuduriaid fu ar yr orsedd yr hiraf?

**6** Beth ydych chi'n meddwl sydd wedi digwydd i William ap Ifan? Pa ran o'r testun sy'n cefnogi'ch barn?

# Naid yn ôl

## Y Chwyldro Diwydiannol

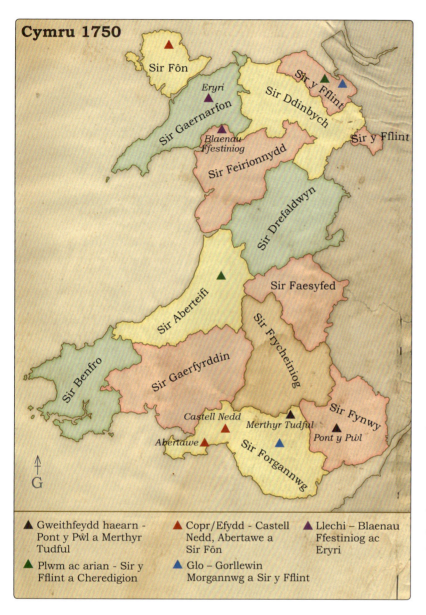

**Cymru 1750**

Sir Fôn
Eryri
Sir y Fflint
Sir Ddinbych
Sir Gaernarfon
Blaenau Ffestiniog
Sir y Fflint
Sir Feirionnydd
Sir Drefaldwyn
Sir Aberteifi
Sir Faesyfed
Sir Frycheiniog
Sir Benfro
Sir Gaerfyrddin
Sir Fynwy
Castell Nedd
Merthyr Tudful
Pont y Pŵl
Abertawe
Sir Forgannwg

G

▲ Gweithfeydd haearn – Pont y Pŵl a Merthyr Tudful

▲ Copr/Efydd – Castell Nedd, Abertawe a Sir Fôn

▲ Llechi – Blaenau Ffestiniog ac Eryri

▲ Plwm ac arian – Sir y Fflint a Cheredigion

▲ Glo – Gorllewin Morgannwg a Sir y Fflint

Tra bod y **diwydiant** glo a haearn yn tyfu yn ne Cymru, roedd diwydiant o fath arall yn datblygu yn y gogledd.

Roedd darganfod mynydd o gopr neu efydd ger Amlwch, Ynys Môn, yn golygu llawer o waith i'r bobl leol. Rowland Pugh ddarganfyddodd y mwyn ar Fynydd Parys ar 2 Mawrth 1768. Ei wobr oedd potel o chwisgi a chael byw mewn tŷ heb dalu rhent am ei oes.

Byddai'r copr yn cael ei anfon i ogledd Lloegr neu i Abertawe. Mynydd Parys oedd y pwll copr mwyaf yn Ewrop yn yr 1780au. Byddai'r copr yn cael ei ddefnyddio i orchuddio gwaelod llongau'r **Llynges Brydeinig**. Golygai hyn y gallen nhw aros yn y dŵr yn hirach, gan osgoi gorfod dod yn ôl i'r porthladd i gael eu trwsio.

Rhwng 1787 ac 1793 cynhyrchwyd darn arian o'r enw 'ceiniog Parys' neu 'ceiniog Ynys Môn'.

ceiniog Parys

Mynydd Parys heddiw

# Naid yn ôl

## Dyfal donc

Dringodd Defi a Sali ochrau serth y mynydd. Roedd y gwynt main a'u diffyg ffitrwydd wedi dwyn eu hanadl. Llithrodd cerrig mân o dan eu traed a dechreuodd yr haul gynhesu eu cefnau.

"Mae dy fochau di'n goch fel bron Robin," pesychodd Defi, gan bwyntio at fochau cochion Sali.

"Paid… ti… â… dweud… dim!" atebodd Sali, gan chwerthin.

O'r diwedd cyrhaeddodd y ddau lecyn o laswellt ac arno gerrig mawr oedd yn eu gwahodd i eistedd. Anadlodd y ddau yn drwm.

"Reit, rhywle yn y fan hon fe ddylen ni ddod o hyd i'r cliw nesaf," meddai Sali wrth Defi. Roedd hwnnw wedi rhoi ei ben ar garreg fawr erbyn hyn.

"Clustog galed yw carreg," mwmialodd, cyn codi ei ben yn sydyn. Rhoddodd ei law o dan y garreg a thynnodd allan focs bach plastig.

"Dyma ti, Sali!" meddai'n llawn balchder, gan estyn y bocs bach plastig iddi.

Agorodd Sali'r bocs yn ofalus. Roedd yno gyfarwyddiadau i'r cam nesaf yn yr helfa.

"Oes rhaid i ni fynd ymlaen?" cwynodd Defi. "Dwi wedi blino ac mae 'nhraed i'n brifo!"

"Dwi'n gwybod, ond ry'n ni bron â chyrraedd y diwedd. Byddai'n bechod i ni roi'r ffidl yn y to nawr. Rho'r bocs bach yn ôl o dan y garreg."

Ceisiodd Defi wthio'r bocs bach yn ôl i'r union fan y cafodd hyd iddo, ond roedd rhywbeth yn ei atal rhag mynd yn ôl i'w le. Plygodd ei ben i edrych yn y twll. Estynnodd am ei fflachlamp. Wrth iddo oleuo'r twll bach du, gwelodd ddarn bach yn disgleirio.

"Wow!" **ebychodd**.

### Cnoi cil
Mae *GeoCaching* yn defnyddio technoleg GPS. Cafodd ei ddyfeisio yn y flwyddyn 2000.

## Chwilio a chwalu

Beth am drafod gyda ffrind i weld a ydych chi'n cytuno gyda'r atebion? Trafodwch ble'r ydych chi'n dod o hyd i'ch ateb, os yw yn y testun.

1 Beth ydych chi'n meddwl y mae Defi a Sali yn ei wneud?

2 Ydych chi'n meddwl bod gwobr Rowland Pugh yn wobr deg? Cofiwch roi rheswm i gefnogi'ch barn.

3 Ar gyfer beth allai'r copr gael ei ddefnyddio? Cyfeiriwch at y testun.

4 Pa idiom yn y stori sy'n dangos eu bod wedi cael digon?

5 Sut allai'r stori orffen?

6 Beth ydych chi'n meddwl sy'n disgleirio yng ngolau'r fflachlamp? Rhowch resymau dros eich ateb.

# Naid yn ôl

## Y Chwyldro Diwydiannol

Wrth i **ddiwydiant** ddatblygu yn ne Cymru roedd mwy a mwy o swyddi yn cael eu creu. Edrychwch ar dwf Merthyr Tudful.

> Yn **1750**, pentref oedd Merthyr gyda thua 40 teulu yn byw yno.

> Erbyn **1784** roedd y **gweithfeydd haearn** wedi tyfu. O fewn tair milltir i Ferthyr roedd gweithfeydd Penydarren, Cyfarthfa a Dowlais. Fe ddatblygodd Dowlais i fod y gwaith haearn mwyaf yn y byd.

> Datblygodd y gweithfeydd glo hefyd yn yr ardal. Oherwydd bod y gwaith o dan ddaear mewn mannau **cyfyng**, cyflogwyd plant. Roedd rhai plant mor ifanc â phedair oed yn gweithio yn y pyllau glo. Doedden nhw ddim yn cael eu talu'n dda, ac roedd yn waith hynod o beryglus. Collodd llawer o blant eu bywydau mewn damweiniau **tanddaearol**. Erbyn **1842** cyflwynwyd **mesur** yn gwahardd plant iau na 10 oed rhag gweithio o dan y ddaear.
>
> Byddai **meistri**'r gweithfeydd hyn yn dod yn gyfoethog iawn tra bod y gweithwyr yn dioddef.
>
> Dyma gastell Cyfarthfa a adeiladwyd gan y teulu Crawshay, meistri'r gweithfeydd haearn ym Merthyr Tudful.

> Erbyn **1845** roedd tua 40,000 o bobl yn byw ym Merthyr Tudful. Roedd afiechydon fel tyffoid a **cholera** yn rhemp oherwydd amodau byw teuluoedd y gweithwyr. Ym Merthyr oedd y nifer fwyaf o farwolaethau yng Nghymru yn y cyfnod hwn.

**FFUGLEN**

## Dyddiadur plentyn y pwll glo

**Dydd Mawrth**

Am ddiwrnod blinedig! Roedd heddiw yn waeth na'r arfer rywsut. Roedd Ifor yn absennol felly roedd yn rhaid i fi wneud dwbl y gwaith. Mae fy nghefn bron â hollti yn ddau ar ôl yr holl blygu. Mae'r meistri wedi dod o hyd i **wythïen** newydd o lo. Un gul ac isel yw hi, felly Judith a finne gafodd y gwaith o gropian ar ein boliau i grafu'r glo allan. Byddai Ifor wedi bod yn lot o help heddiw gan ei fod yn gryfach na fi. Tybed beth sydd wedi digwydd iddo? Gobeithio nad yw'n sâl. Dwi'n fochedd - mae llwch y glo mân yn mynd i bobman - ond bydd rhaid i fi aros tan ddydd Sul cyn cael bath.

**Dydd Mercher**

Doeddwn i ddim eisiau codi bore 'ma. Mae'n dywyll pan dwi'n codi, mae'n dywyll yn y pwll o dan y ddaear, ac erbyn fy mod yn gorffen gwaith mae'n dywyll wrth gerdded adref. Dwi'n teimlo na fydd fy llygaid yn gallu ymdopi â'r golau pan ddaw'r Sul. Bu bron i mi gael damwain ganol y prynhawn. Roeddwn i mor flinedig, caeais fy llygaid am eiliad neu ddwy cyn i mi glywed Judith yn gwieddi arnaf i symud. Bu bron i'r to ddisgyn ar ein pennau. Doedd Ifor ddim yn y gwaith heddiw eto. Druan ag e a'i deulu. Os nad yw e yn y gwaith fydd e ddim yn cael ei dalu. Dylwn i alw i'w weld e. Fe af i yfory os na fyddaf yn rhy flinedig.

**Dydd Iau**

Cefais syndod mawr ar ôl i mi gyrraedd adref o'r gwaith heno. Roedd Mam yn y gwely a Bodo Marged oedd yno gyda llond crochan o gawl cwningen yn disgwyl amdanaf. Roedd yn flasus iawn. Cynhesodd y cawl fi ar ôl diwrnod arall o waith oer a gwlyb o dan y ddaear. Dywedodd Bodo Marged wrtha i i fynd i ystafell wely Mam a Dad. Roedd Mam yn y gwely yn magu baban bach. Mae gen i frawd bach - Arthur! Dwi ddim yn gwybod sut down ni i ben - mae'r tŷ yn fach fel ag y mae. Druan ag Arthur, gweithio yn y pwll fydd ei hanes e hefyd cyn iddo gyrraedd saith oed.

**Dydd Gwener**

Roedd fy nwylo mor oer heddiw doeddwn ni ddim yn gallu eu teimlo o gwbl. Dyna pam wnes i ddim teimlo'r llygod ffyrnig yn sgathru ar eu traws wrth i mi geisio bwyta fy **nhocyn bwyd**. Fe fwytaodd y llygod fy nghaws i gyd! Roedd fy stumog yn gwneud sŵn drwy'r prynhawn. Chwarae teg, cynigiodd Judith ei chaws hi i mi, ond allwn i ddim derbyn bwyd wrthi. Dwi mor flinedig ac mae fy nghefn dal i wneud dolur. Mae Ianto yn dweud fy mod yn dechrau cerdded yn **wargam**.

**Dydd Sadwrn**

O mam fach! Galwais yn nhŷ Ifor neithiwr. Roedd pawb mewn du ac roedd ei fam yn llefen y glaw. Bu farw Ifor ddoe o'r colera. Does dim gwaith i'w ffrindiau heddiw fel arwydd o barch. Alla i ddim credu'r peth. Mae'r sefyllfa yn ofnadwy. Pryd ddaw'r hunllef yma i ben?

---

### Chwilio a chwalu

Beth am drafod gyda ffrind i weld a ydych chi'n cytuno gyda'r atebion? Trafodwch ble'r ydych chi'n dod o hyd i'ch ateb, os yw yn y testun.

**1** Pryd cyflwynwyd mesur yn gwahardd plant iau na 10 oed i weithio o dan ddaear?

**2** Pa deulu enwog adeiladodd Castell Cyfarthfa?

**3** Ydych chi'n meddwl bod y defnydd o'r gair 'gwargam' yn effeithiol? Rhowch resymau dros eich ateb.

**4** Pa amodau byw ydych chi'n meddwl oedd yn achosi afiechydon i ledaenu?

**5** Yn eich barn chi, pa adeg o'r flwyddyn ysgrifennwyd y dyddiadur? Pa ran o'r testun sy'n awgrymu hyn?

**6** Pa ddarn o'r testun sy'n dangos ymateb i farwolaeth Ifor? Sut mae'r awdur yn teimlo?

---

### Cnoi cil

Dyfeisiodd Humphry Davy lamp arbennig a oedd yn gwneud gwaith o dan ddaear yn fwy diogel oherwydd bod y fflam yn gaeedig.

# Naid yn ôl

## Y Chwyldro Amaethyddol

Oherwydd y **Chwyldro Diwydiannol** roedd llai o swyddi yng nghefn gwlad Cymru erbyn canol y 19 ganrif. Daeth y gwahaniaeth rhwng y cyfoethog a'r tlawd yn llawer mwy amlwg.

O ganlyniad i'r tlodi hwn, dechreuodd y bobl dlawd **ymgyrch** a barodd o 1839 i 1844. Roedd pobl am ddangos pa mor anhapus oedden nhw gyda thlodi ac anhegwch yng nghefn gwlad. Galwyd yr ymgyrch yn 'Terfysgoedd Beca'.

### Rhesymau dros yr ymgyrch:

1. Doedd dim digon o swyddi ar gael.
2. Doedd ffermwyr ddim yn berchen eu tir. Roedden nhw'n talu rhent i **landlordiaid**.
3. Roedd prisiau anifeiliaid yn gostwng.
4. Doedd dim digon o **dir comin** ar gael.
5. Roedd yn rhaid i bobl dalu 10% o'u **hincwm** i'r eglwys. Yr enw ar hyn oedd 'y degwm'.

Dechreuwyd codi trethi ar y bobl gyffredin am ddefnyddio'r ffyrdd. Ar hyd a lled gorllewin Cymru codwyd tollbyrth. Codwyd tâl i fynd drwy'r tollbyrth – tâl na allai'r werin ei fforddio.

tollborth Aberystwyth, a adeiladwyd yn 1772

Yn 1839 codwyd tollborth newydd yn Efailwen yn Sir Benfro. Dinistrwyd y tollborth gan griw o 'ferched' yn ystod y nos. Dynion yr ardal oedd y 'merched', yn gwisgo dillad eu gwragedd a **duo** eu hwynebau. Bydden nhw'n defnyddio bwyelli i dorri'r tollbyrth ac weithiau bydden nhw'n eu llosgi.

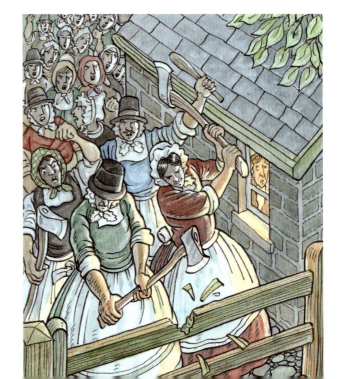

FFUGLEN

# RHEOLAU CODI TOLLBORTH

**1.**

DEWISWCH DDARN O DIR **GWASTAD**.

**2.**

DEWISWCH BREN CALED I WNEUD Y GLWYD.

**3.**

MESURWCH LED Y GLWYD RHYW
6 MODFEDD YN FWY LLYDAN NA LLED CERT.

**4.**

PEINTIWCH Y GLWYD YN WYN FEL Y GELLIR
EI GWELD YN Y NOS.

**5.**

PEIDIWCH Â GOSOD Y GLWYD YN RHY
UCHEL NAC YN RHY ISEL.

**6.**

GOSODWCH **BYST** YN Y DDAEAR ER MWYN
GWNEUD YN SIŴR NAD YW'R GLWYD YN
AGOR YN RHY BELL.

**7.**

MYNNWCH YR ARIAN CYN AGOR Y GLWYD.

## Cnoi cil

**Thomas Rees** neu '**Twm Carnabwth**', fel yr oedd yn cael ei alw, oedd arweinydd yr ymosodiad cyntaf yn Efailwen yn 1839. Gwnaethon nhw gwrdd yn ysgubor Glynsaithmaen ym mynyddoedd y Preseli. Roedd Twm yn 33 oed ac roedd ganddo wallt coch.

## Chwilio a chwalu

Beth am drafod gyda ffrind i weld a ydych chi'n cytuno gyda'r atebion? Trafodwch ble'r ydych chi'n dod o hyd i'ch ateb, os yw yn y testun.

**1** Beth oedd enw'r terfysgoedd? Pam ydych chi'n meddwl eu bod wedi cael yr enw hwn?

**2** Pryd codwyd tollborth Efailwen?

**3** Pam ydych chi'n meddwl bod angen defnyddio pren caled i wneud y clwydi?

**4** Pam ydych chi'n meddwl bod y rheolau yn nodi bod angen i deithwyr dalu'n gyntaf?

**5** Pam ydych chi'n meddwl bod angen i'r dynion wisgo fel menywod? Rhowch reswm dros eich ateb.

**6** Pam yn eich barn chi fod angen darn o dir gwastad i osod y tollborth?

FFEITHIO

## Y Chwyldro Amaethyddol

Yn ystod y **Chwyldro Diwydiannol**, symudodd llawer o bobl o gefn gwlad Cymru i chwilio am waith mewn trefi a dinasoedd.

Roedd angen llai o weithwyr fferm oherwydd bod peiriannau ar gael erbyn hyn i helpu gwneud y gwaith yn gynt a mwy effeithiol.

Newidiwyd siapiau'r caeau bach **lletchwith**, **afreolaidd** a chreuwyd caeau sgwâr a oedd yn haws eu trin.

Defnyddiwyd peiriannau **mecanyddol** i hau hadau. Roedd y peiriannau hyn yn gallu plannu y nifer cywir o hadau mewn rhesi syth. Gwnâi hyn y **cynaeafu**'n haws.

**Newidiadau mewn amaethyddiaeth**

Cyflwynwyd system **troelli cnydau**. Wrth dyfu pedwar cnwd gwahanol ym mhob cae a'u symud fesul blwyddyn, roedd hyn yn helpu cadw'r tir mewn cyflwr da ac yn rhoi gwell cynhaeaf i'r ffermwr.

Bridiwyd stoc safonol. Sylweddolodd ffermwyr wrth groesi bridiau y gallent ddatblygu gwell anifeiliaid – rhai oedd yn gryfach, iachach ac yn rhoi mwy o gig a llaeth.

I'r bobl ddi-waith hynny yng nghefn gwlad, roedd bywyd yn gallu bod yn anodd iawn.

Roedd llawer o dlodion yn byw ar dir comin mewn 'tai unnos'. Roedd hawl ganddynt godi tŷ ar **dir comin** rhwng machlud a gwawr. Os byddai mwg yn codi o'r simnai erbyn y wawr, yna gallent fyw yn y tŷ. Byddent yn nodi eu tir drwy daflu bwyell i bedwar cyfeiriad er mwyn rhoi ffiniau i'w cartref. Roedd yn rhaid i'r rheiny heb gartref fynd i'r 'wyrcws' lleol, sef cartref yr oedd y wlad yn ei redeg.

tŷ unnos – Penrhos, Sir Benfro

FFUGLEN

## Y tŷ unnos

Mae'n nosi, dere Gwenno,
ein gwaith fydd galed heno.
Bydd waliau mwd i'n cartref clyd
a gwellt yn goron iddo.

Mae'n gwawrio, dere Gwenno,
ffarweliwn ni â heno.
Fe gesgli di y mawn o'r bryn,
rho'r tân ynghyn - rhaid brysio.

Mae'n fore, dere Gwenno,
mae'r mwg o'r to'n ymlwybro.
A'r fwyell wedi'i thaflu 'mhell,
Ni biau'r tir – ein **heiddo**.

### Chwilio a chwalu

Beth am drafod gyda ffrind i weld a ydych chi'n cytuno gyda'r atebion? Trafodwch ble'r ydych chi'n dod o hyd i'ch ateb, os yw yn y testun.

**1** Pam ydych chi'n meddwl bod plannu mewn rhesi syth yn lleihau amser cynaeafu?

**2** Beth sy'n cynhesu'r tŷ unnos?

**3** Trafodwch pam oedd angen y wyrcws?

**4** Ydych chi'n meddwl bod peiriannau wedi gwella bywyd y ffermwr? Cyfeiriwch at y testun i gefnogi'ch safbwynt.

**5** Pam mae'r bardd yn dweud 'rhaid brysio'?

**6** Sut mae'r bardd yn cyfleu amser yn y gerdd? Cyfeiriwch at linellau yn y gerdd i gefnogi'ch ateb.

# Naid yn ôl

## Ysgol i bawb

Er bod gan bob plentyn yng Nghymru heddiw hawl a chyfle i gael addysg, nid oedd hynny'n wir erstalwm.

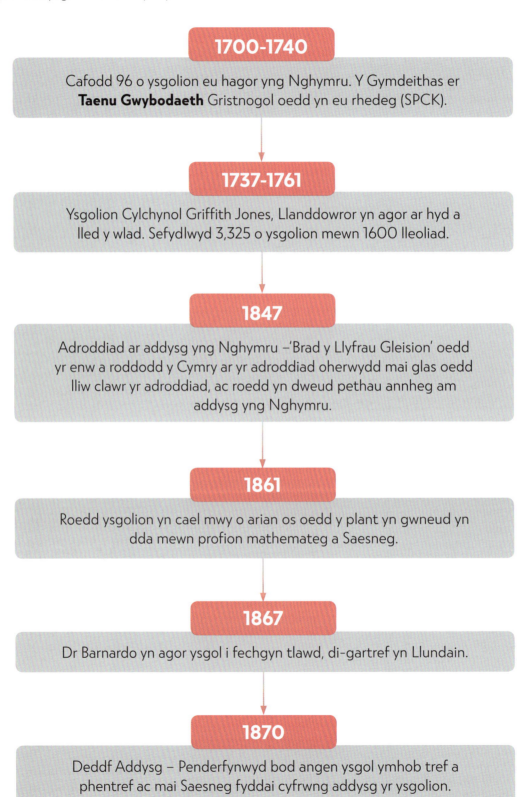

**1700-1740**

Cafodd 96 o ysgolion eu hagor yng Nghymru. Y Gymdeithas er **Taenu Gwybodaeth** Gristnogol oedd yn eu rhedeg (SPCK).

**1737-1761**

Ysgolion Cylchynol Griffith Jones, Llanddowror yn agor ar hyd a lled y wlad. Sefydlwyd 3,325 o ysgolion mewn 1600 lleoliad.

**1847**

Adroddiad ar addysg yng Nghymru –'Brad y Llyfrau Gleision' oedd yr enw a roddodd y Cymry ar yr adroddiad oherwydd mai glas oedd lliw clawr yr adroddiad, ac roedd yn dweud pethau annheg am addysg yng Nghymru.

**1861**

Roedd ysgolion yn cael mwy o arian os oedd y plant yn gwneud yn dda mewn profion mathemateg a Saesneg.

**1867**

Dr Barnardo yn agor ysgol i fechgyn tlawd, di-gartref yn Llundain.

**1870**

Deddf Addysg – Penderfynwyd bod angen ysgol ymhob tref a phentref ac mai Saesneg fyddai cyfrwng addysg yr ysgolion.

## WN

Dwi ddim yn cael dweud "diolch"
na "Sut wyt ti'r hen ffrind?"
Ni allaf ofyn "Sut mae'r hwyl?"
nac "I ble rwyt yn mynd?"

Mae ambell air yn anodd
yn Saesneg – wir i chi.
Pan fyddaf yn anghofio,
y 'Welsh Not' a gaf i.

Dwi ddim yn siarad Saesneg,
ond iaith fy nhad a mam-
Iaith Beibl William Morgan.
Pam wyf i yn cael cam?

### Chwilio a chwalu

Beth am drafod gyda ffrind i weld a ydych chi'n cytuno gyda'r atebion? Trafodwch ble'r ydych chi'n dod o hyd i'ch ateb, os yw yn y testun.

**1** Faint o ysgolion sefydlwyd gan yr SPCK?

**2** O ble roedd Griffith Jones yn dod?

**3** Sawl pentref neu dref wnaeth elwa o ysgolion Griffith Jones?

**4** Ydych chi'n meddwl y byddai'r ysgolion yn derbyn cyllid digonol? Rhowch resymau dros eich ateb.

**5** Ydych chi'n meddwl bod yr enw 'Brad y Llyfrau Gleision' yn un effeithiol? Rhowch reswm i gefnodi'ch barn.

**6** Ydych chi'n cytuno gyda'r bardd ei fod yn cael cam? Pam?

# Naid yn ôl

## Ysgol i bawb

Er bod gan bob plentyn yng Nghymru heddiw hawl a chyfle i gael addysg, nid oedd hynny'n wir erstalwm.

### 1700-1740
Sefydlwyd 96 o ysgolion yng Nghymru. Y Gymdeithas er **Taenu Gwybodaeth** Gristnogol oedd yn eu rhedeg (SPCK).

### 1737-1761
Ysgolion Cylchynol Griffith Jones, Llanddowror yn agor ar hyd a lled y wlad. 3,325 o ysolion mewn 1600 lleoliad.

### 1847
Adroddiad ar addysg yng Nghymru, a oedd yn barnu nad oedd y plant na'r athrawon yn deall dim. 'Brad y Llyfrau Gleision' oedd yr enw a roddwyd ar yr adroddiad oherwydd mai glas oedd lliw clawr yr adroddiad, ac am ei fod yn dweud pethau annheg am addysg yng Nghymru.

### 1870
Deddf Addysg – Barnwyd bod angen ysgol ymhob tref a phentref ac mai Saesneg byddai cyfrwng addysg yr ysgolion bwrdd.

### 1861
Roedd cyllid ysgol yn dibynnu ar ba mor dda roedd y disgyblion yn gwneud mewn profion rhifedd, darllen ac ysgrifennu Saesneg.

### Sut le oedd ysgol yn Oes Victoria?

- bechgyn a merched yn mynd i mewn i'r adeilad trwy ddrysau gwahanol
- mapiau a llun o'r Frenhines ar y waliau
- glôb ar gyfer gwersi daearyddiaeth
- **abacws** i wneud symiau
- plant yn eistedd mewn rhesi gyda'r athro neu athrawes yn y tu blaen
- ysgrifennu ar lechi fel arfer
- defnyddio **ysgrifbin** â blaen metel ac inc mewn pot i ysgrifennu ar bapur
- ailadrodd a dysgu ar y cof
- rhoi'r **gansen** fel cosb
- gorfodi plant i wisgo 'cap D' os nad oedden nhw'n medru gorffen gwaith
- gwisgo'r WN fel cosb am siarad Cymraeg

llechen

abacws

desg a chadair

Tyddyn Gwyn
Llanwnnen
Llanbedr Pont Steffan
Sir Aberteifi
20 Tachwedd 1846

Annwyl Mari,

Sut wyt ti? Gobeithio dy fod yn hoffi dy swydd yn y tŷ mawr. Rwy'n gweld dy eisiau di yn fawr, ond dywedodd Mam efallai y byddet yn cael dod adref adeg y Nadolig i dreulio amser gyda ni yn Nhyddyn Gwyn. Rwy'n gweddïo y byddi di.

Mae'n tywydd yn oer yma ac mae'n ysgol mor ddiflas ag erioed. Roedd heddiw yn ddiwrnod rhyfedd. Mae Mr Williams wedi bod ar bigau'n drain ers diwrnodau ac yn ein siarso i fod yn dda ac yn gwrtais. Eglurodd ei fod yn disgwyl ymwelwyr. Ar fy ngwir, fe ddaeth yr ymwelwyr heddiw. Am dri od. Doeddwn i ddim hyd yn oed yn gallu dweud eu henwau nhw. Mr Lingen, Mr Johnson a Mr Symons. Ond doedden nhw ddim yn medru dweud "Llanwnnen" chwaith! Fe **holon nhw ein perfedd** ni a Mr Williams. Teimlais yn flin drosto am y tro cyntaf ers sbel.

Holodd un ohonynt i mi pwy oedd y Frenhines a beth oedd tri adio saith. Ges i hwnnw'n iawn. Roeddwn i'n cofio taw 'ten' oedd deg ti'n gweld. Gofynnon nhw i fi lle byddaf yn mynd wedi i mi farw. Atebais innau "i'n tân poeth" – wyddwn i ddim beth oedd e yn Saesneg. Dywedodd William ei fod wedi dweud taw gwlad oedd Llŭndain a bod Iwerddon yn dref. Am gwestiynau dwl. Roedd Mr Williams yn got o chwys erbyn y diwedd ac yn falch eu gweld yn mynd. Fe soniodd un ohonynt am "report" gan nodi'n "first of April" fel dyddiad pwysig. Mwy na thebyg na fydda i yn yr ysgol bryd hynny, gan y bydda i'n helpu Dad gyda'r wyna, siŵr o fod.

Cofion atat, chwaer annwyl. Edrych ymlaen i dy weld dros y Nadolig.

Cariad mawr,
Catrin
xxx

## Chwilio a chwalu

Beth am drafod gyda ffrind i weld a ydych chi'n cytuno gyda'r atebion? Trafodwch ble'r ydych chi'n dod o hyd i'ch ateb, os yw yn y testun.

**1** Pwy sefydlodd yr ysgolion cylchynol?

**2** Sut mae'r ysgol yn Oes Victoria yn cymharu â'ch ysgol chi?

**3** Beth yw swydd Mari?

**4** Pam ydych chi'n meddwl bod y prifathro yn got o chwys?

**5** Pa ran o'r llythyr sy'n awgrymu i ni nad yw Catrin yn mynd i'r ysgol yn gyson?

**6** Pam nad oedd y plant yn medru ateb cwestiynau'r ymwelwyr?

# Naid yn ôl

## Y Rhyfel Byd Cyntaf

Dechreuodd y Rhyfel Byd Cyntaf ym mis Awst 1914.

Bu'n rhyfel creulon a lladdwyd miloedd. Effeithiodd y rhyfel yn fawr ar fywyd bob dydd yng Nghymru.

Bu'r llywodraeth yn ceisio perswadio dynion ifanc o bob cefndir i ymuno â'r **fyddin**. Cynhyrchwyd posteri i'w hannog nhw i ymuno.

Erbyn diwedd y rhyfel yn 1918 roedd 10 miliwn o ddynion wedi cael eu lladd o bob cwr o'r byd.

Rydyn ni'n cofio diwedd y Rhyfel Byd Cyntaf ar 11 Tachwedd bob blwyddyn. Am 11 o'r gloch ar yr unfed mis ar ddeg rydyn ni'n yn cael munud o dawelwch i gofio am y rhai a gollodd eu bywydau yn y rhyfel hwn ac mewn rhyfeloedd eraill ers hynny. Mae llawer o bobl yn gwisgo pabi coch fel symbol o'r gwaed a gafodd ei golli. Mae pobl eraill yn gwisgo pabi gwyn, i ddangos eu bod am annog heddwch, a'u bod nhw'n cofio hefyd am bobl o wledydd eraill gafodd eu lladd mewn rhyfel.

### Cnoi cil

Roedd y posteri hyn yn gwneud i fechgyn ifanc deimlo'n euog am beidio ag ymuno.

# Naid yn ôl

## Deialog rhwng milwr a'i fam

(gartref ar y tyddyn, 1915)

**Mam:** Ifan? Ble wyt ti rŵan?

(Daw Ifan o rywle gyda bwced yn ei law, yn edrych yn ofidus)

**Mam:** O, dyna lle'r wyt ti. Mae golwg ofnadwy arnat ti! Beth sy'n bod?

**Ifan:** Dim.

**Mam:** Paid â dweud 'dim' wrtha i, Ifan. Fi yw dy fam di, a dwi'n gwybod pan fo rhywbeth yn dy boeni di. Rŵan, deud wrtha i beth sy ar dy feddwl di.

**Ifan:** Mae Dafydd Tŷ Draw wedi **enlistio**.

**Mam:** O, dwi'n gweld. Rwyt ti'n mynd i weld ei eisiau o, Ifan. Mae'r ddau ohonoch yn ffrindiau ers blynyddoedd.

**Ifan:** Ydyn, ond nid dyna sy.

**Mam:** O, beth felly?

**Ifan:** Meddwl oeddwn i y dylwn innau wneud yr un fath.

(Mae Mam yn geg agored ac yn fud.)

**Ifan:** Byddwch chi'n iawn fan hyn, Mam. Bydd Siencyn yn gallu helpu ar y tyddyn. Mae e wedi tyfu i fod yn fachgen cryf.

**Mam:** Ond, Ifan...

**Ifan:** A dweud y gwir, mae e'n well ffermwr na fi!

**Mam:** Ond Ifan, mae bechgyn yn cael eu lladd yn y rhyfel! A dwi'n gwybod na fyddet ti byth yn medru lladd neb. Rwyt ti'n rhy addfwyn. O Ifan, meddylia eto 'ngwas i.

Come into the ranks and fight for your King and Country—Don't stay in the crowd and stare

YOU ARE WANTED AT·THE·FRONT

ENLIST TO·DAY

Beth am drafod gyda ffrind i weld a ydych chi'n cytuno gyda'r atebion? Trafodwch ble'r ydych chi'n dod o hyd i'ch ateb, os yw yn y testun.

**1** Ar ba ddyddiad fyddwn ni'n cofio am y rhai a fu farw mewn rhyfeloedd?

**2** Ym mha fis dechreuodd y Rhyfel Byd Cyntaf?

**3** Beth oedd wedi gwneud i Ifan feddwl am ymuno â'r fyddin?

**4** Pam oedd angen perswadio'r bechgyn ifanc i ymuno â'r fyddin?

**5** Ydych chi'n meddwl bod gwisgo pabi coch yn ffordd addas o gofio am y rhai a laddwyd? Rhowch reswm i gefnodi'ch barn.

**6** Pa ran o'r testun sy'n dangos bod mam Ifan yn poeni? Cyfeiriwch at y geiriau mae hi'n eu dweud a'r pethau mae hi'n eu gwneud.

# Naid yn ôl

## Y Rhyfel Byd Cyntaf

Cyn y Rhyfel Byd Cyntaf, **byddinoedd** oedd yn ymladd mewn rhyfeloedd. Beth bynnag, yn ystod y Rhyfel Byd Cyntaf (1914-1918) bu'n rhaid i bobl gyffredin fynd i ymladd. Roedd rhai dynion yn awyddus i fynd i frwydro, tra bod eraill yn gwneud hynny yn erbyn eu hewyllys.

Un o'r dynion ifanc hynny a aeth yn erbyn ei ewyllys i ymaldd oedd y ffermwr a'r bardd ifanc o Drawsfynydd, Ellis Humphrey Evans, neu Hedd Wyn, fel y mae'n cael ei adnabod heddiw.

Hedd Wyn

Ysgrifennodd Hedd Wyn gerdd am **erchyllderau** rhyfel. Enillodd y gerdd y gadair iddo yn Eisteddfod Genedlaethol Cymru ym Mhenbedw yn 1917. Nid oedd Hedd Wyn yno i dderbyn y gadair gan ei fod wedi marw yn y ffosydd yn Ffrainc rai diwrnodau ynghynt. Gorchuddiwyd y gadair â defnydd du yn y seremoni. Mae'r gadair i'w gweld heddiw yn ei hen gartref, 'Yr Ysgwrn', sydd bellach yn ganolfan ymwelwyr.

Roedd y milwyr a oedd yn ymladd yn y rhyfel yn treulio amser yn y ffosydd.

Roedd yn lle diflas, gwlyb ac oer. Byddai llygod mawr yn rhedeg o gwmpas y twneli agored. Byddai pâr o lygod mawr yn gallu cynhyrchu cymaint â naw cant o lygod bach mewn blwyddyn. Doedd dim gobaith eu rheoli.

Palwyd tua 2,490km o ffosydd yn ystod y Rhyfel Byd Cyntaf. Byddai llifogydd yn dinistrio llawer ohonynt. Byddai'r dynion yn eistedd a chysgu fan hyn. Roedd afiechydon yn rhemp!

### Cnoi cil
Enw cerdd fuddugol Hedd Wyn oedd 'Yr arwr'.

## Ymsom milwr

Dwi bron â sythu. Mae fy nhraed yn wlyb ac mae'r mwd hyd at fy mhigyrnau. Am faint rhagor alla i ddioddef hyn, dwi ddim yn gwybod. Dwi'n meddwl am Megan a'r plant. Byddan nhw'n paratoi at y Nadolig nawr. Dylwn i fod gartref gyda nhw, ond yn lle hynny dwi fan hyn yn wynebu Almaenwyr a'r **gorchymyn** i fynd "dros y top". Sgwn i a ydy'r Almaenwyr yn teimlo'r un fath? Ydyn, siŵr o fod. Dynion o gig a gwaed ydyn nhw, fel ninnau. Ust! Mae 'na sŵn canu yn dod o ochr arall y ffosydd. Dwi'n adnabod y dôn – 'Tawel nos'. Dwi ddim yn gyfarwydd â'r geiriau, fodd bynnag. Mae'r canu'n swynol iawn. Mae rhai o'n milwr ni wedi dechrau ymuno – rhai yn canu'n Gymraeg ac eraill yn canu yn Saeseg. Dwi ddim yn meddwl fy mod wedi clywed sŵn gynnau ers sbel chwaith. Mae'r nos yn dawel ac yn… dywyll. Heblaw am… Beth yw'r goleuadau bach 'na? Mae 'na ganhwyllau ar goed Nadolig yn **nhir neb**. O na, dwi'n gweld dynion yn ymddangos! Gwell i mi gael fy ngwn yn barod. Na, arhoswch am funud, nid gynnau sydd ganddynt, ond pêl-droed. Maen nhw'n chwifio eu breichiau arnom i ddod i gael gêm. A fentra i? Wedi'r cyfan, mae'n ddydd Nadolig.

## Chwilio a chwalu

Beth am drafod gyda ffrind i weld a ydych chi'n cytuno gyda'r atebion? Trafodwch ble'r ydych chi'n dod o hyd i'ch ateb, os yw yn y testun.

**1** Beth oedd enw bedydd Hedd Wyn?

**2** Ble cynhaliwyd yr Eisteddfod Genedlaethol pan enillodd Hedd Wyn y gadair?

**3** Beth ydych chi'n meddwl yw arwyddocâd y geiriau "dros y top"?

**4** Pa ran o'r ymsom sy'n dweud wrthym nad yw'r milwr yn ymddiried yn yr Almaenwyr? Cyfeiriwch at y testun i egluro'ch syniadau.

**5** Pam ydych chi'n meddwl nad yw'r milwr yn gyfarwydd â'r geiriau?

**6** Pam ydych chi'n meddwl bod y gadair wedi cael ei gorchuddio â defnydd du yn yr Eisteddfod? Rhowch resymau i gefnogi'ch barn.

# Naid yn ôl

## Yr Ail Ryfel Byd

### Gadael anwyliaid

Bu'n rhaid i gannoedd o blant adael y trefi **poblog** yn ystod yr Ail Ryfel Byd, er mwyn bod yn ddiogel. Aethon nhw i gefn gwlad, lle roedd y **llywodraeth** yn meddwl na fyddai'r bomiau yn eu cyrraedd.

Bydden nhw'n cyrraedd gyda **mwgwd nwy**, label adnabod am eu gyddfau a bag gydag ychydig o bethau personol ynddo. Roedd rhai plant wrth eu boddau, tra bod eraill yn torri eu calonnau.

Edrychwch ar y gwahanol brofiadau.

### Plentyn 1

Dyma'r tro cyntaf i fi weld cŵn, ieir, hwyaid a thwrcwns... Roeddwn i wrth fy modd yn byw ar fferm. Roedd e'n brofiad mor wahanol i fyw yn Llundain. Ymhen wythnos roeddwn i'n godro'r fuwch ac yn yfed ei llaeth cynnes i frecwast. I swper bydden ni'n cael cwningen, ac weithiau cyw iâr. Dyma'r cig gorau i mi ei flasu erioed. Roeddwn yn cael byw fel brenin. Fe wnes i hyd yn oed ddysgu Cymraeg! Roeddwn i'n colli fy nheulu, cofiwch, ond roedd Mr a Mrs Davies yn garedig iawn wrthyf.

### Plentyn 2

Ches i ddim profiad da iawn fel faciwî. Ces i fy rhoi gyda phâr eithaf oedrannus. Doedd dim plant gyda nhw, felly doedden nhw ddim yn siŵr iawn beth i wneud â fi. Roedd yn rhaid i fi weithio yn y tŷ yn glanhau a choginio, ac ar ddydd Sul roeddem yn mynd i'r capel dair gwaith. Doeddwn i ddim yn deall gair o'r gwasanaeth, ond roedd y canu'n bert. Ysgrifennais lythyrau di-ri at fy mam yn dweud wrthi pa mor anhapus oeddwn i. Cytunodd y cawn i fynd adref. Addawodd na fyddai hi byth yn fy anfon i ffwrdd eto. Dim byth.

# Naid yn ôl

Fferm y Pistyll
Cil y Mynydd
Sir Drefaldwyn
26 Rhagfyr 1939

Annwyl Mam,

Gobeithio eich bod yn cadw'n ddiogel a bod y Nadolig wedi bod yn weddol hebdda i a Dad. Gobeithio eich bod wedi derbyn llythyr ganddo yntau yn ddiweddar. Diolch am y sgarff. Derbyniais y parsel rai dyddiau yn ôl, a gosododd Mrs Watkins e o dan y goeden Nadolig yn barod at fore ddoe. Ces i dipyn o sioc, ac am ychydig roeddwn yn drist gan fy mod yn eich colli mor ofnadwy.

Roedd dydd Nadolig fan hyn yn wahanol iawn. Yn y bore roedd yn rhaid i ni godi yn gynnar iawn a mynd i'r capel. Yna ces i agor yr anrhegion gyda'r teulu. Ces i gyllell boced wrth Mr a Mrs Watkins. Bydd honno'n ddefnyddiol iawn ar y fferm ac yn y coed. Am ddau o'r gloch fe gawson ni ginio. Roedd y twrci yn anferth. Roedd Mrs Watkins wedi bod yn ei fwydo ers misoedd! O, Mam, roedd e'n flasus. Daeth y llysiau i gyd o'r ardd.

Mae Mrs Watkins yn meddwl y bydd y rhyfel drosodd toc. Gobeithio wir. Alla i ddim aros i ddod adref atoch chi.

Cariad mawr,

Jim x

## Chwilio a chwalu

Beth am drafod gyda ffrind i weld a ydych chi'n cytuno gyda'r atebion? Trafodwch ble'r ydych chi'n dod o hyd i'ch ateb, os yw yn y testun.

**1** Pa swyddi oedd plentyn 2 yn gorfod eu gwneud?

**2** O ble roedd plentyn 1 wedi dod?

**3** Pam oedd Mam wedi anfon sgarff ato fel anrheg Nadolig? Rhowch reswm i gefnogi'ch ateb.

**4** Beth yw agwedd y ddau faciwî tuag at y Gymraeg? Pa rannau o'r testun sy'n gwneud i chi feddwl hyn?

**5** Pa faciwî hoffech chi fod? Rhowch resymau dros eich ateb.

**6** Pam ydych chi'n meddwl nad yw Dad gartref chwaith?

## Cnoi cil

Symudwyd 1.5 miliwn o blant a phobl bregus mewn dau ddiwrnod!

FFEITHIC

## Yr Ail Ryfel Byd

### Gadael anwyliaid

Ar 3 Medi 1939 cyhoeddodd y Prif Weinidog, Neville Chamberlain, fod rhyfel wedi cychwyn rhwng Prydain a'r Almaen.

Cyhoeddwyd hefyd y dylai plant gael eu symud o'r trefi i'r wlad er mwyn iddynt fod yn ddiogel rhag y bomio.

Cyrhaeddodd cannoedd o blant o drefi mawr Lloegr i ganol cefn gwlad Cymru. Rhain oedd y 'faciwîs'. Daw'r gair 'faciwî' o'r gair Ffrangeg evacuer, sy'n golygu 'gwagio neu symud'.

Birkenhead i Groesoswallt

Roedd pob plentyn yn cario mwgwd nwy, label adnabod am eu gyddfau ac ychydig o bethau personol, ac yn cael eu gosod ar y trên heb eu rhieni.

Roedd bywyd y trefi yn wahanol iawn i fywyd y wlad. Roedd rhai plant wrth eu boddau yn symud i gefn gwlad, ond roedd eraill yn casáu'r profiad.

Mamau a phlant mewn ardal dosbarth gweithiol yn Abertawe yn cael te a brechdanau o gegin symudol ar ôl noson o fomio.

### Y blits

Un ddinas wnaeth ddioddef o fomio ofnadwy oedd Abertawe. Bu'r Almaenwyr yn targedu Abertawe oherwydd bod yno borthladd pwysig ar gyfer **allforio** glo. Bomiwyd Abertawe bob nos rhwng 19 a 21 Chwefror 1941. Lladdwyd 230 o bobl ac anafwyd 397.

### Cnoi cil

Roedd mwgwd nwy mewn siâp wyneb Mickey Mouse ar gael er mwyn annog plant i'w wisgo.

# Naid yn ôl

## Cyrraedd cartref newydd

*Mae'r orsaf trenau'n llawn o blant nerfus ac oedolion ffyslyd.*

*Mae'r ficer lleol a'i wraig yn sefyll ynghanol y dorf gyda chlipfwrdd a beiro.*

**Ficer:** Miss Evans? Miss Glenda Evans, Tŷ'r Eithin?

**Mrs Evans:** Iw- hw! Dyma fi, Ficer. Sorri fy mod i'n hwyr – roedd hi'n bach o sgrech i gyrraedd 'ma a finne ddim yn siŵr iawn faint o'r gloch oedd y trên yn cyrraedd, ac wedyn …

**Ficer:** Sdim ots, Miss Evans. Ry'ch chi yma nawr. Dyna sy'n bwysig.

**Mrs Evans:** Wel, ie, siŵr o fod. Pwy dwi'n 'gael te, Ficer? Gobeithio'i bod hi'n faciwî fach neis, a dim lot o ffws wrthi. Ry'ch chi'n gwbod nad oes lot o amser 'da fi am ffws - gormod o waith i'w neud o gwmpas y tŷ.

**Ficer:** Dalwch sownd nawr, Miss Evans. Wnaeth neb addo merch fach i chi, do fe? Mae'n rhaid i ni weld pa deuluoedd sydd orau ar gyfer pa blant. Dy'n ni ddim yn penderfynu ar sail rhyw.

**Mrs Evans:** Ie, ie, dwi'n gwbod, ond …

**Ficer:** Nawr te. Miss Evans, dyma Michael. Mae Michael yn dod o Lerpwl.

**Mrs Evans:** O … bachgen …

**Ficer:** Ie, Miss Evans, bachgen. Ond mae ganddo ddwy chwaer, ac alla i ddim dioddef eu gwahanu nhw.

**Mrs Evans:** Bachgen …!

**Ficer:** *(gan besychu)* Y chwiorydd, Miss Evans ? Gymerwch chi'r chwiorydd? Y merched?

**Mrs Evans:** Bachgen … a merched! Ond dim ond un o'n ni'n meddwl 'i gymryd …

**Ficer:** Byddai Mrs Huws a fi'n ddiolchgar iawn …

*(Daw dwy ferch fach dlos â gwallt coch, cyrliog at y ficer. Mae'r ddwy yn dal mwgwd nwy.)*

**Mrs Evans:** O, am ddwy fach annwyl. Byddwn ni'n iawn, Ficer - y tair ohonon ni.

**Ficer:** Pedwar, Miss Evans.

**Mrs Evans:** *(gan chwerthin)* Ie, ie, y pedwar ohonon ni. We'll be fine, won't we? Champion!

### Chwilio a chwalu

Beth am drafod gyda ffrind i weld a ydych chi'n cytuno gyda'r atebion? Trafodwch ble'r ydych chi'n dod o hyd i'ch ateb, os yw yn y testun.

**1** Beth oedd yn rhaid i'r plant ei gario gyda nhw?

**2** Pwy oedd Prif Weinidog Prydain ar ddechrau'r Ail Ryfel Byd?

**3** Sawl plentyn oedd Miss Evans wedi bwriadu eu cymryd?

**4** Pam ydych chi'n meddwl ei bod hi'n bwysig i symud y plant? Rhowch reswm i gefnogi'ch barn.

**5** Pam ydych chi'n credu mai'r ficer oedd yn dewis pa blant oedd yn mynd at ba deulu?

**6** Sut ydych chi'n meddwl fyddai Michael a'i chwiorydd yn teimlo petaen nhw'n cael eu gwahanu?

# Naid yn ôl

## Amser hamdden yn yr 1950au a'r 1960au

Erbyn canol yr 1950au roedd **amodau gwaith** wedi gwella ac roedd gan y gweithiwr cyffredin hawl i wyliau blynyddol. Ar ben hyn, roedd gan deuluoedd ychydig yn fwy o arian nag oedd ganddyn nhw yn ystod cyfnod du yr Ail Ryfel Byd. Oherwydd hyn, roedd gan bobl fwy o gyfle i gael amser hamdden ac i fwynhau eu hunain.

Erbyn 1957 roedd 4 miliwn o geir ar y ffyrdd. Agorwyd y **draffordd** gyntaf, yr M1, yn 1959. Roedd teithio o le i le yn haws.

Deallodd dyn o'r enw Billy Butlin hyn a chreuodd nifer o wersylloedd, ar lan y môr gan amlaf, lle gallai teuluoedd gael gwyliau **fforddadwy** gyda'i gilydd.

Dyma lun o Butlins Pwllheli. Agorwyd Butlins ym Mhwllheli yn 1947 a chaewyd y lle yn 1987. 'Hafan y Môr' yw enw'r lle nawr. Parc carafannau ydyw.

Roedd gwersyll gwyliau yn cynnig pob math o weithgareddau i deuluoedd o bob oed. Roedd ffeiriau, chwaraeon, a chystadlaethau o bob math, gan gynnwys cystadleuaeth tynnu'r gelyn!

Roedd llyfrgell yno i ymlacio wrth ddarllen, pwll nofio awyr agored, a bwyd parod. Yng ngwersyll Pwllheli cynhaliwyd eisteddfod hyd yn oed.

FFUGLEN

### Gwyliau yn yr 1950au

Dianc o'r ddinas
Môr, haul, amser i'r teulu
Wythnos yn gwibio.

### Amser hamdden

Roc a rôl ifanc
Clyw Elvis ar y radio
Coesau yn gwanhau.

## Chwilio a chwalu

Beth am drafod gyda ffrind i weld a ydych chi'n cytuno gyda'r atebion? Trafodwch ble'r ydych chi'n dod o hyd i'ch ateb, os yw yn y testun.

**1** Yn ôl y bardd, pa dri pheth sy'n bwysig am y gwyliau?

**2** Am sawl blwyddyn fu Butlins Pwllheli ar agor?

**3** O'r gweithgareddau oedd yn cael eu cynnal yn Butlins Pwllheli, pa weithgaredd sy'n eich synnu chi? Pam?

**4** Pam ydych chi'n meddwl bod y bardd yn dweud bod ei goesau'n mynd yn wan wrth wrando ar Elvis?

**5** Beth mae llinell gyntaf yr haiku cyntaf yn ei awgrymu am wyliau yn yr 1950au? Rhowch reswm i gefnogi'ch ateb.

**6** Pam oedd gan bobl fwy o amser hamdden erbyn canol yr 1950au?

FFEITHIC

## Amser hamdden yn yr 1950au a'r 1960au

Sut ydych chi'n treulio eich amser hamdden? Yn gwylio'r teledu efallai?

Cyn dyfodiad y teledu, byddai teuluoedd yn eistedd gyda'i gilydd yn gwrando ar y radio. Yn yr 1950au, daeth y teledu yn rhywbeth cyffredin. Y tro cyntaf i lawer o bobl weld rhaglen deledu oedd ar 2 Mehefin 1953. Dyma ddiwrnod **coroni**'r Frenhines Elizabeth II. Cafodd y seremoni ei darlledu'n fyw ar y teledu.

Dim ond un sianel oedd ar y dechrau, sef y BBC. Erbyn 1955 roedd sianel ITV ar gael hefyd.

*radio bakelite*

*teulu yn gwylio teledu yn yr 1950au*

### Chwaraeon

Ychydig cyn seremoni coroni'r Frenhines Elizabeth cafwyd y newyddion mai Edmund Hillary a Tenzing Norga oedd y bobl gyntaf i gyrraedd copa mynydd ucha'r byd, sef Mynydd Everest.

Roedd pobl yn hoffi gwylio chwaraeon ar y sgrin fach. Oherwydd hyn, cododd ambell seren yn y byd chwaraeon.

Un o'r sêr hynny oedd y pêl-droediwr John Charles. Bachgen o Abertawe oedd John. Roedd yn chwaraewr disglair iawn. Oherwydd ei fod dros chwe throedfedd o daldra ac yn addfwyn iawn, cafodd y llysenw 'y Cawr Addfwyn'. Ni chafodd garden felen na charden goch trwy gydol ei **yrfa**.

Enillodd John Charles 38 cap yn chwarae i Gymru. Symudodd o Abertawe i Leeds United, cyn symud wedyn i Juventus yn 1949. Arhosodd yno tan 1957.

*John Charles*

# Naid yn ôl

## Gwyliau!

"Alla i ddim credu'r peth!" bloeddiodd Janet yn gyffro i gyd.

"Paid â mynd yn ddwl nawr, Janet fach," siarsiodd ei thad. Yna ychwanegodd gyda gwên, "Mae pawb arall yn ei wneud e, felly waeth i ni roi cynnig arni hefyd."

"Alla i ddim aros i ddweud wrth Aerona. O, diolch, Dad."

Roedd rhieni Janet newydd gyhoeddi eu bod yn mynd ar wyliau. Wythnos yn Blackpool i aros gydag Anti Olwen, chwaer ei mam. Doedden nhw ddim wedi sôn yn gynt gan y gwyddai'r ddau y byddai Janet yn cyffroi gymaint. Cyn gynted ag y clywodd hi'r newyddion, aeth i bacio ei chês. Gwenodd Mam a Dad ar ei gilydd. Roedd hyn yn mynd i fod yn antur. Doedd y teulu erioed wedi bod ar wyliau o'r blaen.

Bu'r siwrnai o Rydaman i Blackpool yn un **faith** a bu'n rhaid iddynt newid trên sawl gwaith. O'r diwedd, dyma nhw'n cyrraedd. Roedd Anti Olwen yno i'w croesawu yn yr orsaf. Neidiodd Janet i fyny ac i lawr fel pletyn bach ar ddydd Nadolig. Roedd hi'n siarad fel melin bupur yn y car ar y ffordd i gartref Anti Olwen. Trwy ffenestr y car gwelodd hi'r môr a'r prom, a siopau yn gwerthu pysgod a sglodion, roc a chandi fflos a chardiau post. Gwelodd y pafiliwn ac, wrth gwrs, y tŵr. Gwenodd fel giât. Roedd y busnes gwyliau 'ma yn gyffrous.

"Am faint y'n ni'n aros?" holodd yn eiddgar i'w mam.

"Wythnos, os bydd Anti Olwen yn fodlon ein dioddef am gymaint â hynny o amser," meddai, gan rhoi winc i'w chwaer.

Tawelodd Janet am ychydig cyn cyhoeddi, "Dyw wythnos ddim yn ddigon!"

Chwarddodd pawb.

### Cnoi cil

Mae Tŵr Blackpool wedi ei gynllunio i efelychu Tŵr Eiffel, Paris. Mae'n 158 metr o uchder.

### Chwilio a chwalu

Beth am drafod gyda ffrind i weld a ydych chi'n cytuno gyda'r atebion? Trafodwch ble'r ydych chi'n dod o hyd i'ch ateb, os yw yn y testun.

**1** Ble oedd Janet yn byw?

**2** Ble cafodd John Charles ei eni?

**3** I bwy oedd Olwen yn perthyn?

**4** Pam ydych chi'n meddwl bod Janet a'r teulu wedi defnyddio'r trên i gyrraedd Blackpool?

**5** Pa wybodaeth yn y testun sy'n profi bod John Charles yn ddyn addfwyn?

**6** Pam ydych chi'n meddwl bod Janet wedi dweud nad oedd wythnos yn ddigon? Defnyddiwch y testun i'ch helpu.

# Naid yn ôl

## Dyfeisiau difyr

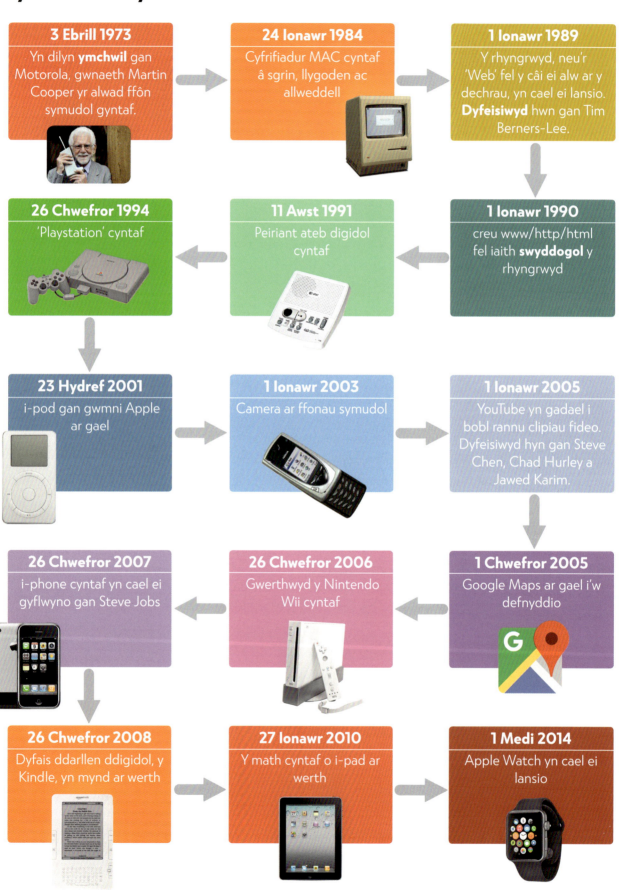

**3 Ebrill 1973**
Yn dilyn **ymchwil** gan Motorola, gwnaeth Martin Cooper yr alwad ffôn symudol gyntaf.

**24 Ionawr 1984**
Cyfrifiadur MAC cyntaf â sgrin, llygoden ac allweddell

**1 Ionawr 1989**
Y rhyngrwyd, neu'r 'Web' fel y câi ei alw ar y dechrau, yn cael ei lansio. **Dyfeisiwyd** hwn gan Tim Berners-Lee.

**26 Chwefror 1994**
'Playstation' cyntaf

**11 Awst 1991**
Peiriant ateb digidol cyntaf

**1 Ionawr 1990**
creu www/http/html fel iaith **swyddogol** y rhyngrwyd

**23 Hydref 2001**
i-pod gan gwmni Apple ar gael

**1 Ionawr 2003**
Camera ar ffonau symudol

**1 Ionawr 2005**
YouTube yn gadael i bobl rannu clipiau fideo. Dyfeisiwyd hyn gan Steve Chen, Chad Hurley a Jawed Karim.

**26 Chwefror 2007**
i-phone cyntaf yn cael ei gyflwyno gan Steve Jobs

**26 Chwefror 2006**
Gwerthwyd y Nintendo Wii cyntaf

**1 Chwefror 2005**
Google Maps ar gael i'w defnyddio

**26 Chwefror 2008**
Dyfais ddarllen ddigidol, y Kindle, yn mynd ar werth

**27 Ionawr 2010**
Y math cyntaf o i-pad ar werth

**1 Medi 2014**
Apple Watch yn cael ei lansio

## Tybed beth fydd nesa?

# Naid yn ôl

## Llygaid sgwâr

"Diffodd yr hen beiriant 'na wir, Tomi, neu bydd dy lygaid di'n troi'n sgwâr," bloeddiodd Mam o waelod y grisiau. Ni chymerodd Tomi unrhyw sylw. Gwasgodd y botymau yn galed er mwyn creu ei fyd anhygoel. Gosododd y brics yn daclus. Yna, yn ddirybudd, dechreuodd deimlo'n rhyfedd. Teimlodd ei hun yn mynd yn llai ac yn llai nes ...

Edrychodd Tomi o'i gwmpas. Doedd e ddim yn ei ystafell wely. Eto, edrychai'r lle yn gyfarwydd. Cerddodd o gwmpas y pentref am ychydig, ac yna sylweddolodd ei fod mewn rhan o'i fyd cyfrifiadurol dychmygol. Dechreuodd ddilyn y llwybrau syth, gan droi pob cornel yn ofalus. I'r chwith, i'r dde, i'r chwith, i'r chwith. Yn y pellter, gwelodd adeilad cyfarwydd. Cerddodd yn gyflymach. Ar unwaith adnabu'r adeilad - y castell y bu'n ei adeiladu ar ei gyfrifiadur funudau ynghynt oedd e!

"O'r diwedd. Ble wyt ti wedi bod?" Edrychodd Tomi o'i gwmpas mewn syndod. Ni allai weld neb. "Dwi fan hyn," gwaeddodd y llais eto. Doedd neb yn y ffenestri, neb wrth y porth. "Lawr fan hyn yn y **ddaeargell**!"

Wrth i Tomi edrych i lawr gwelodd Sam, ei ffrind ysgol. "Beth wyt ti'n 'wneud fan'na?" holodd Tomi.

"Paid â holi! Un funud ro'n i'n chwarae ar y cyfrifiadur, a'r funud nesa ro'n i fan hyn ..." Aeth Tomi ati i agor y gell a rhyddhau Sam. Eisteddodd y ddau ar y borfa hyfryd y tu allan i'r castell er mwyn ceisio gwneud synnwyr o'r holl beth.

Yn sydyn, dyma frics yn disgyn o'r awyr ac yn creu muriau o'u cwmpas.

"Beth ar y ddaear sy'n digwydd nawr?" ebychodd Tomi.

"Dwi ddim yn gwybod," atebodd Sam yn nerfus.

Wrth i'r brics gael eu gosod, daeth seibiant bach. Wedyn clywodd y ddau leisiau cyfarwydd a rhyw rai yn piffian chwerthin.

"Tomi, wyt ti'n addo rhoi'r gorau i chwarae'r cyfrifiadur pan dwi'n gofyn i ti?"

"A thithe Sam, un awr y nos yw'r cytundeb."

Edrychodd Sam a Tomi'n syn ar ei gilydd – lleisiau eu mamau oedd y rhain. Sut yn y byd allai hyn fod wedi digwydd? Roedden nhw'n sownd yn y gêm a'u mamau oedd yn rheoli.

"Iawn. Addo," adroddodd y ddau gyda'i gilydd.

"Gawn ni ddod allan nawr?" plediodd Tomi.

"Gawn ni weld a wyt ti'n cofio sut mae gwneud hynny," chwarddodd mam Tomi.

"O, Mam!" ebychodd Tomi.

### Chwilio a chwalu

Beth am drafod gyda ffrind i weld a ydych chi'n cytuno gyda'r atebion? Trafodwch ble'r ydych chi'n dod o hyd i'ch ateb, os yw yn y testun.

**1** Ym mha flwyddyn gwerthwyd y *Wii* cyntaf?

**2** Oes unrhyw un o'r dyfeisiau hyn yn eich cartref chi? Trafodwch gyda phartner.

**3** Yn y stori, beth yw rheswm mam Tomi dros ddweud y dylai Tomi ddiffod ei gyfrifiadur?

**4** Yn eich barn chi, pa un o'r dyfeisiau hyn sydd bwysicaf? Rhowch resymau i gefnogi'ch barn.

**5** Pa eiriau o'r testun sy'n dangos nad oedd Tomi a Sam yn hapus tua diwedd y stori?

**6** Yn eich barn chi, faint o amser sgrin sy'n dderbyniol? Trafodwch gyda phartner.

# Naid yn ôl

## Y cyfrifiadur cyntaf

Mae'n anodd dychmygu byd heb gyfrifiaduron a thaclau technolegol. Mae ein bywydau o ddydd i ddydd yn dibynnu cymaint arnyn nhw. Er hynny, nid rhywbeth modern ydyn nhw mewn gwirionedd. Dyfeisiodd Charles Babbage gyfrifiadur **mecanyddol** yn 1871.

Gweithiodd gydag Ada Lovelace. Hi oedd **rhaglennydd cyfrifiadurol** cynta'r byd!

peiriant gwahaniaeth Charles Babbage

Ada Lovelace

Yn ystod yr Ail Ryfel Byd datblygodd Alan Turing a chriw o bobl eraill gyfrifiadur a oedd yn gallu deall negeseuon wedi eu codio. Helpodd hyn yn ystod y rhyfel. Mae arddangosfa yn Bletchley Park ger Milton Keynes yn Lloegr yn olrhain yr hanes.

Bletchley Park

peiriant Enigma

Yn **1958** dyfeisiwyd y microsglodyn. Cyn hyn roedd y cyfrifiaduron yn anferth ac yn anhylaw, ac yn llenwi swyddfeydd ac ystafelloedd. Ar ôl datblygu'r microsglodyn silicon, roedd hi'n bosib cynhyrchu cyfrifiaduron llawer llai.

Mae'n anodd credu, ond mae ffonau smart heddiw yn fwy pwerus ac yn fwy clyfar na'r cyfrifiaduron oedd yn rheoli llongau gofod yn yr 1960au!

Er bod cyfrifiaduron yn hwyluso'n bywydau, mae'n rhaid i ni fod yn ofalus ar-lein. Mae diogelwch ar y we yn bwysig.

Erbyn **1990** roedd y rhyngrwyd ar gael mewn cartrefi.

**Heddiw**, mae cyfrifiaduron o bob math yn ein cartrefi, yn yr ysgolion ac yn ein dwylo.

## Cadw'n ddiogel ar-lein

1 Byddaf yn gofyn am ganiatâd oedolyn cyn defnyddio'r cyfrifiadur.

2 Byddaf yn defnyddio rhaglenni a gwefannau addas.

3 Ni fyddaf yn rhannu fy ngwybodaeth bersonol, fel dyddiad geni neu gyfeiriad cartref, ar-lein.

4 Ni fyddaf yn cysylltu â neb ar-lein heb ganiatâd.

5 Byddaf yn dweud yn syth os oes rhywbeth ar y sgrin yn fy mhoeni.

FFUGLEN

## Fy myd petryal

Yn fy myd petryal, does dim ffiniau,
er nad yw'r sgrin yn fawr.
Gallaf fyw yn unrhyw le
a hynny ar unrhyw awr.

Does dim siarad na chwestiynu,
neb yn holi "Sut wyt ti?"
Does dim edrychiad i fyw llygad,
'sneb yn syllu arnaf i.

Nid wy'n clywed sgwrs cyfeillion,
nid wy'n siarad â'm brawd bach.
Nid wy'n cicio pêl na rhedeg,
nac anadlu awyr iach.

Rwy'n byw mewn byd o ffantasi,
nid yn y byd go iawn.
Mae 'myd yn sgwâr, nid yw yn grwn,
Yn wag, yn lle yn llawn.

### Chwilio a chwalu

Beth am drafod gyda ffrind i weld a ydych chi'n cytuno gyda'r atebion? Trafodwch ble'r ydych chi'n dod o hyd i'ch ateb, os yw yn y testun.

**1** Beth oedd enw rhaglennydd cyfrifiadurol cyntaf y byd?

**2** Enwch dri pheth o'r gerdd nad yw'r bardd yn eu gwneud.

**3** Ers sawl blwyddyn dyfeisiwyd y microsglodyn?

**4** Pam yn eich barn chi mae'r bardd yn defnyddio geiriau fel **petryal** a **sgwâr** yn y gerdd?

**5** Pam yn eich barn chi mae hi'n bwysig cadw'n ddiogel ar y we? Trafodwch gyda phartner.

**6** A ddylai disgyblion gael yr hawl i ddod â ffôn symudol i'r ysgol? Trafodwch, gan roi rheswm i gefnogi'ch barn.

# Naid yn ôl

## Gwyn ein byd ni heddiw?

**Plant ar ffo**

Yn ddiweddar holodd criw o blant o'r Deyrnas Unedig gwestiynau i ffoaduriaid am eu profiad o orfod gadael eu cartrefi a'u gwledydd.

gallu nofio

gallu hedfan

gweld fy nheulu

cael tŷ cyfforddus gyda dŵr cynnes yn rhedeg o'r tap

**Petai gen ti un dymuniad, beth fyddai hwnnw?**

peidio â chael rhyfel

cael chwarae pêl-droed

mynd allan o fan hyn

mynd i'r ysgol i ddysgu

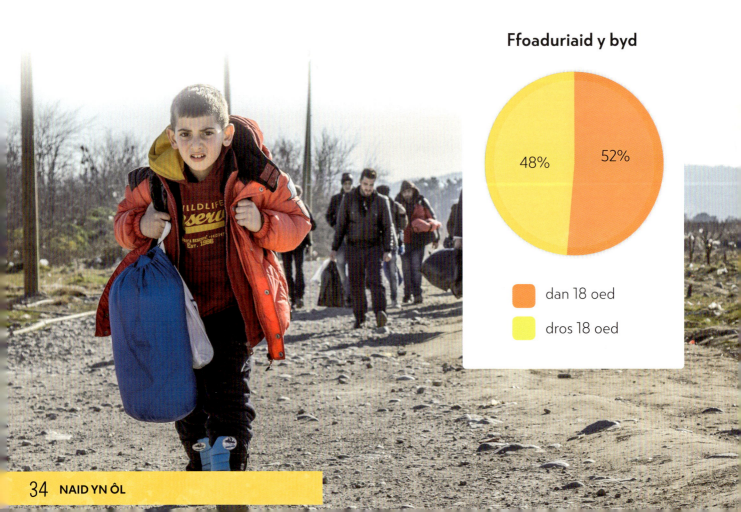

Ffoaduriaid y byd

48%  52%

■ dan 18 oed

■ dros 18 oed

# Naid yn ôl

## Hiraeth

Eisteddai Omran yn dawel yn y gwasanaeth fel pob plentyn arall ym mlwyddyn pedwar. Roedd Omran a'i deulu wedi ffoi rhag rhyfel ac wedi dod o hyd i gartref yng Nghymru. Roedd pawb yn yr ysgol yn garedig wrtho ac roedd yn ceisio ei orau glas i weithio'n galed yn y dosbarth. Ceisiai Meical wneud popeth i helpu Omran. Byddai'n siarad ag e yn y dosbarth i wneud yn siŵr ei fod yn deall y gwaith, yn dangos iddo ble roedd popeth yn yr ysgol, ac yn eistedd gydag ef i fwyta ei ginio. Er hyn i gyd, roedd Omran yn drist. Gwyddai pawb hyn dim ond wrth edrych i fyw ei lygaid. Ar y dechrau roedd Meical yn credu mai'r glaw oedd yn ei ddiflasu, ond wedyn sylweddolodd fod pethau eraill ar ei feddwl.

Brynhawn Gwener cododd y cymylau duon a pheidiodd y glaw. Roedd hi wedi bod yn wythnos anarferol o wlyb. Cafodd pawb fynd allan i chwarae. Bloeddiodd y dosbarth mewn llawenydd. Gofalodd Meical fod Omran yn dod gydag e. Hoff beth Meical ar unrhyw amser chwarae oedd chwarae pêl-droed. Fe oedd capten tîm Porth Unedig a fyddai'n chwarae yn y gyngrair fore drannoeth. Dangosodd Meical y bêl i Omran. Cododd ochrau ceg Omran am eiliad neu ddwy a daeth rhyw ddisgleirdeb i'w lygaid. Dilynodd e Meical allan i'r cae chwarae.

Gwibiodd yr amser a gwibiodd Omran hefyd. Roedd e fel mellten o gwmpas y cae. Doedd dim un amddiffynydd yn medru ei daclo, dim un gôl-geidwad yn medru atal y bêl rhag taro cefn y rhwyd. Roedd e'n ddewin, a bechgyn Porth Unedig yn geg agored.

Ar y ffordd yn ôl i'r dosbarth roedd pawb am wybod lle ddysgodd Omran ei sgiliau. Esboniodd ei fod wedi cynrychioli ysgolion Syria mewn cystadleuaeth pêl-droed cyn iddo orfod dianc. Roedd Meical wrth ei fodd, a chyn pen dim roedd Omran wedi addo dod i ymarfer gyda thîm Porth Unedig. Teimlodd Omran efallai na fyddai ei fywyd newydd gynddrwg â hynny wedi'r cwbl. Gwenodd ar Meical ac ysgwyd ei law.

### Chwilio a chwalu

Beth am drafod gyda ffrind i weld a ydych chi'n cytuno gyda'r atebion? Trafodwch ble'r ydych chi'n dod o hyd i'ch ateb, os yw yn y testun.

**1** Beth mae'r siart cylch yn ei ddangos?

**2** Sut mae'r testun yn 'Plant ar ffo' wedi ei osod? Ydych chi'n hoffi hyn? Rhowch reswm i gefnogi'ch barn.

**3** O ble mae Omran yn dod yn wreiddiol?

**4** Dychmygwch eich bod yn ffoadur. Pa ddymuniad fyddech chi am ei gael? Rhowch reswm dros eich ateb.

**5** Pa fath o fachgen yw Meical? Sut y gwyddoch chi hyn? Cyfeiriwch at y testun.

**6** Beth oedd rhai o sgiliau Omran? Cyfeiriwch at y testun.

# Naid yn ôl

FFEITHIC

## Gwyn ein byd ni heddiw?

### Plant ar ffo

Erbyn heddiw, plant yw tua hanner ffoaduriaid y byd. Gan amlaf, maen nhw wedi gorfod ffoi o'u gwledydd oherwydd rhyfeloedd. Bydd y plant yn aml yn cael eu gwahanu wrth eu rhieni a'u teuluoedd. O wledydd fel Syria, Afghanistan ac Irac y daw llawer o'r plant hyn.

Yn 2016 gwnaeth papur newydd *The Guardian* holi plant o'r Deyrnas Unedig pa gwestiynau hoffen nhw eu gofyn i ffoaduriaid yr un oed â nhw. Dyma rai o'r cwestiynau, ac atebion y ffoaduriaid.

**C** Sut mae'n teimlo i beidio â chael cartref?

**A** Gwael. Rwy'n ofnus, yn enwedig yn y nos pan does dim golau – dyw pabell ddim yr un peth â thŷ.

**C** Pa fath o fywyd oedd gen ti cyn i hyn ddigwydd?

**A** Roedd ein cartref a'n bywyd yn Syria yn hyfryd.

**C** Wyt ti'n gynnes?

**A** Mae'r gaeaf yn oer iawn yma a does dim i'w wneud. Mae'n ddiflas.

**C** Beth wyt ti'n ei wneud yn ystod y dydd?

**A** Dim llawer. Daeth dyn â beiciau i ni. Rydyn ni'n benthyg y beiciau ac yn rasio ein gilydd.

**C** Sut beth yw rhyfel?

**A** Yn Syria maen nhw'n cymryd bechgyn, fel fy mrawd, yn rhoi arfau iddyn nhw a'u gorfodi i fynd i ymladd.

**C** Sut wnaethoch chi ddianc?

**A** Aethon ni drwy Ewrop. Cerddon ni drwy nifer o wledydd. Roedd yn flinedig iawn, iawn.

## Llond sach

Eisteddodd Elliw gyda'i breichiau ymhlyg. Roedd cyfarfodydd y cyngor ysgol yn gallu bod mor ddiflas. Darllen cofnodion, cynnig eu bod yn gywir, a neb yn cymryd sylw o gynrychiolwyr blwyddyn 3 a 4 mewn gwirionedd. Edrychodd ar ei horiawr yn obeithiol, gan ewyllysio gweld un o'r gloch yn agosáu. Byddai'n rhaid i'r cyfarfod ddod i ben erbyn i wersi'r prynhawn ddechrau. O, am siom! Deg munud i un oedd hi.

"Oes gan rywun unrhyw syniadau ynglŷn ag elusen y gallwn ni ei chefnogi y tymor hwn?" holodd Beca, cadeirydd y pwyllgor. Merch ddigon **hawddgar** oedd Beca, ond hoffai gael ei ffordd ei hun. Distawodd y cyfarfod. Bron y gallech glywed ymennydd pob aelod o'r pwyllgor yn troi. Dim. Neb â syniad i'w gynnig.

"Ga i ofyn i chi i gyd feddwl am hyn a chysylltu drwy'r grŵp ar y *whatsapp* heno, gan fod Mrs Williams angen y wybodaeth yfory. Os na ddaw syniadau heno, bydd yn rhaid i fi wneud y penderfyniad …eto!" dwrdiodd Beca. Daeth y cyfarfod i ben a hedfanodd prynhawn Elliw mewn cwmwl breuddwydiol. Byddai Elliw yn edrych ymlaen at ddiwedd y dydd bob dydd Iau, gan fod Mam-gu yn ei chodi o'r ysgol. Canodd y gloch i ddihuno Elliw o'i breuddwyd.

"Helô, cariad. Sut ddiwrnod gest ti heddi?" holodd Mam-gu yn garedig wrth groesawu Elliw wrth giât yr ysgol.

"Da iawn diolch, Mam-gu. Beth amdanoch chi?"

"Prysur iawn, Megan, i ddweud y gwir. Mae llawer iawn o ddillad a blancedi wedi cyrraedd y siop elusen heddi oherwydd bod Achub y Plant wedi gofyn i bobl helpu."

"Pam hynny, Mam-gu? Mae'r siop yn llawn yn barod," meddai Elliw mewn penbleth.

Cerddodd y ddwy drwy'r parc tuag adref ac esboniodd Mam-gu fod Achub y Plant am helpu ffoaduriaid a oedd wedi gorfod dianc o'u gwlad.

"Felly does ganddyn nhw ddim byd, dim ond y pethau roedden nhw'n gallu eu cario gyda nhw?" holodd Elliw yn drist. Cerddodd y ddwy mewn tawelwch hyd nes cyrraedd tŷ Mam-gu.

"Wyt ti'n barod am de nawr, Elliw?" holodd Mam-gu, gan roi dŵr yn y tegell a dechrau gosod y bwrdd.

"Ga i ddefnyddio'r cyfrifiadur gyntaf plis, Mam-gu? Mae gen i waith i'w wneud i'r cyngor ysgol, a dwi newydd gael syniad da. Fydd dim angen i Beca boeni rhagor," cyhoeddodd Elliw yn falch.

### Chwilio a chwalu

Beth am drafod gyda ffrind i weld a ydych chi'n cytuno gyda'r atebion? Trafodwch ble'r ydych chi'n dod o hyd i'ch ateb, os yw yn y testun.

**1** Pa bapur newydd drefnodd y cyfweliadau?

**2** Nodwch ddau beth nad yw'r ffoaduriaid yn eu hoffi. Cyfeiriwch at y testun.

**3** Pa fath o ferch yw Beca? Sut gwyddom ni hyn?

**4** Pa neges ydych chi'n meddwl fydd Elliw yn ei hanfon at y grŵp? Beth sy'n gwneud i chi feddwl hyn?

**5** Pam ydych chi'n meddwl bod Elliw a Mam-gu wedi cerdded tuag adref 'mewn tawelwch'? Rhowch reswm i gefnogi'ch barn.

**6** Pam ydych chi'n meddwl mai dymuniad un plentyn oedd gallu hedfan? Rhowch reswm i gefnogi'ch barn.

# Geirfa

Cofiwch – efallai y bydd gair yn dechrau gyda llythyren neu lythrennau gwahanol yn yr eirfa os yw wedi'i dreiglo yn y testun. Cofiwch hefyd mai'r gair unigol sy'n dod gyntaf yn yr eirfa os yw'n lluosog yn y testun; mae'r gair lluosog mewn cromfachau.

## Allwedd

*eg* — enw gwrywaidd
*eb* — enw benywaidd
*egb* — enw gwrywaidd a benywaidd
*ans* — ansoddair
*be* — berfenw
*ll* — lluosog
S. — Saesneg

## Bywyd plentyn yn Oes y Tuduriaid

**cynnal** *be* achosi i rywbeth ddigwydd; S. *to hold*

**ffurfiol** *ans* rhywbeth â threfn bendant iddo; S. *formal*

**gorsedd** *eb* cadair neu sedd grand ar gyfer brenin neu ymerawdwr; S. *throne*

**helygen** *eb* (*ll* helyg) math o goeden; S. *willow*

**llygad-dyst** *eg* (*ll* llygad-dystion) person sydd wedi gweld rhywbeth; S. *eye-witness*

**nyddu** *be* tynnu gwlân yn un edau hir; S. *to spin*

**pledren** *eb* (*ll* pledrenni) organ yn y corff sy'n dal dŵr gwatraff; S. *bladder*

**teyrnasu** *be* rheoli pobl y deyrnas; S. *to reign*

**trigolion** *ell* y bobl sy'n byw yn rhywle; S. *inhabitants*

## Y Chwyldro Diwydiannol

**bodo** *eb* y gair am 'modryb' mewn ambell ardal; S. *aunt*

**colera** *eg* afiechyd sy'n datblygu pan fo amodau byw yn wael; S. *cholera*

**cyfyng** *ans* dim llawer o le; S. *confined*

**Chwyldro Diwydiannol** *eg* newid mawr ym myd diwydiant; S. *Industrial Revolution*

**diwydiant** *eg* (*ll* diwydiannau) y gwaith o gynhyrchu nwyddau; S. *industry*

**ebychu** *be* dweud rhywbeth yn sydyn mewn syndod neu dan deimlad; S. *to exclain*

**gwaith haearn** *eg* (*ll* gweithfeydd haearn) lle roedd haearn yn cael ei gloddio a'i drin; S. *iron works*

**gwargam** *ans* cefn yn gam; S. *humpedback*

**gwythïen** (glo, haearn) *eb* (*ll* gwythiennau) haenen o fwyn yn y graig; S. *vein*

**Llynges Brydeinig** *eb* llongau rhyfel Prydain; S. *the Navy*

**meistr** *eg* (*ll* meistri) perchennog y gwaith glo neu haearn; S. *masters*

**mesur** *eg* (*ll* mesurau) cynllun sy'n arwain at ddeddf newydd; S. *bill*

**tanddaearol** *ans* o dan y ddaear; S. *underground*

**tocyn bwyd** *eg* (*ll* tocynnau bwyd) pecyn bwyd; S. *packed lunch*

## Y Chwyldro Amaethyddol/Bywyd cefn gwlad

**afreolaidd** *ans* ddim yn rheolaidd; S. *irregular*

**cynaeafu** *be* casglu cnydau; S. *to harvest*

**duo** *be* rhoi lliw du ar rywbeth; S. *to blacken*

**eiddo** *eg* rhywbeth y mae rhywun yn berchen arno; S. *property*

**incwm** *eg* arian mae rhywun yn ei gael yn rheolaidd; S. *income*

**landlord** *eg* (*ll* landlordiaid ) person sy'n berchen dŷ neu dir ac sy'n ei rentu i rywun arall; S. *landlord*

**lletchwith** *ans* anodd i'w drin; S. *awkward*

**mecanyddol** *ans* pan mae peiriant yn gwneud y gwaith; S. *mechanical*

**tir comin** *eg* (*ll* tiroedd comin) darn o dir mae gan bawb hawl i'w ddefnyddio; S. *common land*

**troelli cnydau** *be* newid pa gnydau sy'n cael eu tyfu bob blwyddyn; S. *crop rotation*

**ymgyrch** *eb* (*ll* ymgyrchoedd) cyfres o weithgareddau i gyflawni rhyw nod; S. *campaign*

## Ysgol i bawb

**abacws** *eg* (*ll* abacysau) ffrâm â gleiniau arni i helpu cyfrifo; S. *abacus*

**cansen** *eb* (*ll* cansennau) ffon oedd yn cael ei defnyddio gan athrawon i guro plant; S. *cane*

**holi perfedd** *be* holi rhywun yn drwyadl iawn; S. *to question someone thoroughly*

**taenu gwybodaeth** *be* gwneud yn siŵr bod pobl yn derbyn gwybodaeth, lledaenu gwybodaeth; S. *spreading knowledge*

**ysgrifbin** *eg* (*ll* ysgrifbinnau) teclyn sy'n cael ei roi mewn inc er mwyn ysgrifennu, beiro hen ffasiwn ; S. *nib pen*

## Y Rhyfel Byd Cyntaf

**byddin** *eb* (*ll* byddinoedd) lluoedd arfog gwlad sy'n ymladd ar dir; S. *army*

**enlistio** *be* cofrestru i fynd yn filwr yn y rhyfel; S. *to enlist*

**erchylltra/erchyllder** *eg* (*ll* erchyllderau); rhywbeth erchyll a chreulon; S. *atrocity*

**gorchymyn** *be* dweud wrth rywun am wneud rhywbeth; S. *to command*

**tir neb** *eg* darn o dir sydd ddim wedi'i gymryd gan y naill ochr na'r llall mewn rhyfel; S. *no man's land*

## Yr Ail Ryfel Byd

**allforio** *be* gwerthu ac anfon nwyddau i wlad arall; S. *to export*

**llywodraeth** *eb* y rhai sy'n rheoli gwlad ar y pryd; S. *government*

**mwgwd nwy** *eg* (*ll* mygydau nwy) rhywbeth i roi dros y trwyn a'r geg rhag anadlu nwy gwenwynig o fomiau; S. *gas mask*

**poblog** *ans* llawer o bobl yn byw yno; S. *populous*

## Amser hamdden yn yr 1950au a'r 1960au

**amodau gwaith** *ell* y pethau sy'n penderfynu sut le yw man gwaith staff; S. *working conditions*

**coroni** *be* rhoi coron ar ben person i ddangos mai ef neu hi yw brenin neu frenhines y wlad; S. *to crown*

**fforddadwy** *ans* rhywbeth mae rhywun yn gallu fforddio ei brynu; S. *affordable*

**gyrfa** *eb* (*ll* gyrfaoedd) y gwaith mae person wedi'i wneud am y rhan fwyaf o'i fywyd; S. *career*

**maith** *ans* rhywbeth sy'n cymryd amser hir; S. *lengthy*

**traffordd** *eb* (*ll* traffyrdd) ffordd lydan y gall ceir deithio arni yn bell ac yn gyflym; S. *motorway*

## Y cyfrifiadur cyntaf/Dyfeisiau difyr

**daeargell** *eb* (*ll* daeargelloedd) cell neu guddfan o dan ddaear, fel arfer o dan adeilad arall; S. *cellar, vault*

**dyfeisio** *be* creu rhywbeth newydd; S. *to invent*

**mecanyddol** *ans* pan mae peiriant yn gwneud y gwaith; S. *mechanical*

**rhaglennydd cyfrifiadurol** *eg* (*ll* rhaglenwyr cyfrifiadurol) person sy'n creu a phrofi rhaglenni i'w defnyddio ar gyfrifiaduron; S. *computer programmers*

**swyddogol** *ans* wedi'i ddewis gan bobl mewn awdurdod; S. *official*

**ymchwil** *eb* gwaith manwl yn astudio rhywbeth; S. *research*

## Gwyn ein byd ni heddiw?

**hawddgar** *ans* hoffus neu ddymunol; S. *pleasant*